浙江省教育厅教研室　组织研制

张　丰　管光海　总主编

项目化学习
慕课研修手册

YING'ER CHANPIN GAIJIN SHEJI

婴儿产品改进设计

本册主编 / 陆　颖

——基于设计思维的项目化学习

JIYU SHEJI SIWEI DE
XIANGMUHUA XUEXI

教育科学出版社
·北京·

出 版 人　郑豪杰
策划编辑　池春燕　殷　欢
项目统筹　殷　欢
责任编辑　殷　欢
版式设计　锋尚设计　孙欢欢
责任校对　马明辉
责任印制　叶小峰

图书在版编目（CIP）数据

　　婴儿产品改进设计：基于设计思维的项目化学习 /
陆颖主编 . —北京：教育科学出版社，2024.6
　　（项目化学习慕课研修手册 / 张丰，管光海总主编）
　　ISBN 978-7-5191-3759-5

　　Ⅰ . ①婴… 　Ⅱ . ①陆… 　Ⅲ . ①婴儿—产品设计—课堂
教学—教学研究—中小学 　Ⅳ . ①G633.72

　　中国国家版本馆 CIP 数据核字（2024）第 070628 号

项目化学习慕课研修手册
婴儿产品改进设计——基于设计思维的项目化学习
YING'ER CHANPIN GAIJIN SHEJI——JIYU SHEJI SIWEI DE XIANGMUHUA XUEXI

出 版 发 行	教育科学出版社				
社　　　址	北京·朝阳区安慧北里安园甲 9 号		邮　　　编	100101	
总编室电话	010-64981290		编辑部电话	010-64981269	
出版部电话	010-64989487		市场部电话	010-64989009	
传　　　真	010-64891796		网　　　址	http://www.esph.com.cn	
经　　　销	各地新华书店				
制　　　作	北京锋尚制版有限公司				
印　　　刷	北京市大天乐投资管理有限公司				
开　　　本	889 毫米 ×1194 毫米　1/20		版　　　次	2024 年 6 月第 1 版	
印　　　张	4.2		印　　　次	2024 年 6 月第 1 次印刷	
字　　　数	55 千		定　　　价	20.00 元	

图书出现印装质量问题，本社负责调换。

编委会

总 主 编：张 丰　管光海

本册主编：陆　颖

参 编 者：潘姝琴　蔡文艺　陈燕燕

　　　　　　 王　琴　董大际　柯　欣

目录

码 上 学 习

扫码进入本书慕课

项目化学习：教师研修的学习设计

　　《中共中央 国务院关于深化教育教学改革全面提高义务教育质量的意见》指出："着力培养认知能力，促进思维发展，激发创新意识。……探索基于学科的课程综合化教学，开展研究型、项目化、合作式学习。"项目化学习正是综合体现上述精神的学习活动。它既是落实跨学科学习的重要形式，也是改进学科教学的新的突破口。2022 年教育部颁布义务教育课程方案，提出"坚持素养导向，强化学科实践，推进综合学习"，强调积极开展项目化学习等综合性教学活动。浙江省自 2016 年启动 STEAM 教育探索以来，逐渐聚焦项目化学习。2020 年，浙江省教育厅教研室策划开展"防疫情"项目化学习案例征集、"项目化学习网络公开课"、"项目化学习博览会"等系列活动，奏响了项目化学习推进"三部曲"。

　　"项目化学习网络公开课"是一次组织严密、专业深入、参与面广、关注度高的教研活动，其目的是让老师们有机会解构多类型的项目化学习与指导的过程。活动前期，我们先就项目化学习关键要素进行研究，提炼了素养导向、真实情境、真实实践、高阶认知和真实评价等要素，然后面向全省征集展示项目，要求参展项目充分体现这些关键要素，且是学校已经实施过、较为成熟、具有推广价值的项目。最终确定的各具特色的 8 个项目于 2020 年 9 月 21—25 日通过中国教研网进行了为期一周的现场直播展示。这是浙江省聚焦项目化学习，探索素养立意的新学习形态的标志性活动。8 所展示学校均建构了较为成熟的项目化学习活动组织与指导模式，为全省乃至全国项目化学习的推广提供了参考，为项目化学习的推进奠定了基础。本次活动完整保留了 8 个项目的现场资料，包括教学课件、教学设计、课程资源包、学生学习手册、教师观课手册、直播视频等。这些资料弥足珍贵，也是研究项目化学习设计与实施的有效素材。

项目化学习慕课的开发创意源于基于网络公开课的项目化学习校本研修。此前，老师们要用 10 余个小时才能看完一个完整的项目。如何提高教师研修的效率？如何给教师更有针对性的引导？我们选择了 3 个较为典型的项目（分别体现课程标准、有效合作、设计思维），以项目进程为序，以关键要点为纲设计 5—7 节微课，结合视频讲解和提示，帮助教师准确有效地理解项目化学习设计与实施的方法要领。不过，对初级入门的教师来说，光看典型项目剖析还不够，还需要建立起对项目化学习的整体理解，以及对关键问题的准确把握。于是，我们通过文献研究以及对一线教师的需求分析，确定了项目化学习设计与实施的 6 个关键问题，开发相应的慕课，涉及主题包括驱动性问题、项目任务、高阶思维、学习支架、组织策略、评价量表等，最终形成第一系列"聚焦关键问题的项目化学习慕课"（6门），以及第二系列"基于典型案例的项目化学习慕课"（3门），共有微课 43 节。

项目化学习慕课研修手册（以下简称"研修手册"）的开发启动于 2021 年 3 月。我们于 6 月底完成慕课测试版上线，10 月底完成慕课修订与研修手册的编写，短短半年的开发过程也一样经历了确定研修主题、研发研修课程纲要、分析网络公开课视频、拍摄慕课、研制研修手册以及建设配套资源等多个细致环节。

此次出版的"项目化学习慕课研修手册"丛书包括上述两个系列的 9 门慕课以及相配套的 9 本研修手册，构成"资源 + 支架"的学习设计。具体如下。

第一系列：聚焦关键问题的项目化学习慕课

慕课 1——"如何设计驱动性问题"（含研修手册，下同）。包括驱动性问题的含义、类型、特点、设计及使用，系统梳理了驱动性问题的设计要点。

慕课 2——"如何基于驱动性问题设计项目任务"。包括任务及任务的类型、核心任务的标准、核心任务的设计、支持性活动的设计、任务管理的设计，阐述了驱动性问题、核心任务、支持性活动三者之间的关联以及核心任务、支持性活动的设计方法。

慕课 3——"如何培养学生的高阶思维"。以布卢姆教育目标分类学中的高阶思维为参考，在总体介绍判断认知层级的两种常见方法的基础上，具体介绍分析、评价、创造三种高阶思维的概念内涵及培养策略。

慕课 4——"项目化学习中的学习支架"。介绍了学习支架的来源、定义、类型，并结合项目启动、实施、成果展示三个阶段说明不同支架的作用、使用流程、操作要点等。

慕课 5——"项目化学习的组织策略"。介绍了组织策略的分类，并提供了 10 余个组织策略的基本概念、使用方法、操作流程等。

慕课 6——"项目化学习评价量表的设计与应用"。介绍了项目化学习中表现性评价量表的结构、维度、尺度等的设计与应用。

第二系列：基于典型案例的项目化学习慕课

慕课7——"智能门禁系统的设计与制作——基于课程标准的项目化学习"。以智能门禁系统的设计与制作为例，介绍了基于课程标准设计项目、设计驱动性问题、创设学习任务、提供支持性活动、成果展示与交流、项目管理六个方面的内容。

慕课8——"交通工具狂想曲——基于有效合作的项目化学习"。以交通工具的设计为例，介绍了驱动性问题的提出、拼图合作学习的组织、项目产品的有效设计与改进、模型的制作与测试、学习成果的展示与评价五个方面的内容。

慕课9——"婴儿产品改进设计——基于设计思维的项目化学习"。以婴儿产品改进设计为例，探索基于设计思维的项目化学习如何开展，将设计思维的内涵、价值嵌入项目化学习中，呈现了基于设计思维的项目化学习开展过程中教师的具体指导策略与方法。

在研修手册中，每一课都设置了"学习地图""研修目标""核心概念""课程内容""拓展阅读""延伸任务"六大板块，在课程内容部分还设置了"思考""任务"等小栏目，为研修者提供引导任务与思维支架。

综合来看，本套研修手册有以下三个方面的特点。

一是注重理例结合。9门慕课及配套的研修手册以项目化学习的设计与实施为主线，围绕项目化学习实践中的关键问题，结合真实课例进行阐释与分析。读者无论从第一系列的关键问题切入，还是从第二系列的典型案例开始，都能从理例结合的辅导中掌握项目化学习实践的方法与要义。

二是注重任务驱动。成年人的学习应该是结合实践的反思与体验，光阅读与观看未必能形成真正的能力。本套研修手册十分注重读者参与的交互性设计，读者在阅读研修手册、观看慕课视频的同时，可随着主题引导下循序渐进的任务，经历思考与探索的过程，在反思与体验中自然进步。

三是注重过程生成。本套研修手册基于实践开发，汇集了一线教师项目化学习实践中关心的问题、解决问题的方法。这些问题与方法不是静态的知识，它们能为进一步发现问题、提出解决方案提供对话和探究的基础。如果你还没有经历过项目化学习实践，阅读本套研修手册有助于你了解实践中的问题并思考更多问题；如果你已经是项目化学习的实践者，阅读这套书可能会产生很多的共鸣，并不断思考自己在实践中的解决方案。

　　本套研修手册是基层教研员与骨干教师协作完成的作品。慕课 1、慕课 2 由浙江省杭州市拱墅区教育研究院卢夏萍主持，慕课 3、慕课 4、慕课 5 由杭州市上城区教育学院汪湖瑛主持，慕课 6 由杭州市拱墅区教育研究院狄海鸣主持，慕课 7 由温州市实验中学徐墨涵主持，慕课 8 由杭州市卖鱼桥小学郭红梅主持，慕课 9 由杭州绿城育华亲亲学校陆颖主持。参与慕课开发与研修手册研制的老师多达 69 名。浙江省教育厅教研室管光海博士负责慕课及研修手册的整体规划与全程指导。杭州绿城育华亲亲学校蔡文艺、杭州市上城区教育评估与监测中心冯娉婷参与了样章的研制工作。感谢同志们高效、创造性的劳动，感谢教育科学出版社教师教育编辑部编辑们的慧眼与巧笔，让我们携手又为项目化学习的推进提供了灵动与实在的新资源。

　　限于能力与视野，慕课与研修手册中肯定还有一些不足之处，敬请读者批评指正。

张　丰

2024 年 3 月 20 日

第一课

设计思维与
项目化学习

学习地图

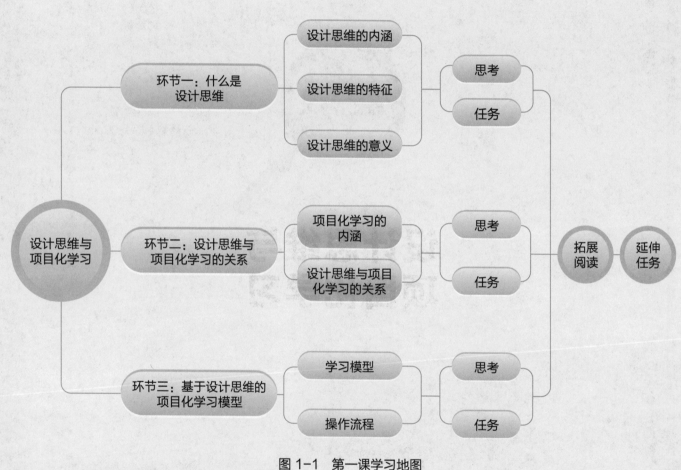

图 1-1　第一课学习地图

🎯 研修目标

❶ 理解设计思维的内涵，了解设计思维模型及其教育价值。

❷ 理解设计思维与项目化学习的关系。

❸ 知道基于设计思维的项目化学习模型与操作流程。

📖 核心概念

设计思维 一套以人为中心的创新式问题解决的方法论体系，整合了人的需要、技术的可能性和商业成功的要求。

项目化学习 学习者在一段时期内通过研究，应对一个真实的、有吸引力的和复杂的问题、课题或挑战，综合运用所学知识和技能，开展合作、探究，发展批判性思维，尝试解决问题，完成项目产品。

📋 课程内容

环节一：什么是设计思维

设计思维（Design Thinking，DT），是把设计师做事的思维方式

萃取出来形成的系统化的思维方法和原则。设计思维的起源有三个方向——人机工程、传统设计和商业领域，特别是在商业领域得到推广和普及。

IDEO 是全球顶尖的一家设计咨询公司，曾于 1982 年为苹果公司设计出第一只鼠标，同年，全世界第一台笔记本电脑 Grid Compass 也诞生于该公司。作为行业的佼佼者，IDEO 的创新设计理念一直被人称道。其总裁曾在《哈佛商业评论》中这样定义设计思维："设计思维是以人为本的设计精神与方法，考虑人的需求、行为，也考量科技或商业的可行性。它具有系统化解决问题的策略，能够帮助我们解决一些复杂的设计问题。"之后，设计思维逐渐风靡全球，被许多公司借鉴和模仿，并成为一个特定研究领域。

21 世纪初，一些国家的学者提出了以设计思维促进创新教育的思路，并开展了许多实践研究（林琳 等，2019）。如美国的"设计思维融入课堂教学项目"，澳大利亚的"基于设计思维框架的变革性跨学科教学法项目"，日本的"设计思维助力未来学校项目"等。设计思维指向综合的、跨学科的学习，是基于真实的用户 / 客户需求去解决问题、设计产品，符合创新教育的需要，能够最大限度地激发学生学习的好奇心、想象力，提高学生的动手实践能力，也是培养适应未来社会的创新型人才的有效途径。

思考：你听说过设计思维吗？你觉得设计思维之于教育的价值有哪些？请简要列举。

综观设计思维的过程，基本包含"启发—构思—实施"三大步骤。作为一套创新式问题解决的方法论体系，它通过发现并创造性地解决问题的流程（设计思维模型）和创新型工具来引导问题解决与创意产生，具有以下四个基本特征（张红英 等，2019）。

❶ **共情（同理心）** 强调用户的需求与感受，展现以人为本的理念；

❷ **社会化** 注重问题的社会调研，帮助人们快速了解、定义待解决问题或项目的现状，并需要开放的团队合作完成；

❸ **迭代性** 强调通过非线性的方案迭代启发思考，通过不断试误与修订，在实践中检验方案的有效性；

❹ **可视化** 注重用图、表、实物作品等可视化的方式呈现参与者的观点。

在强调创新教育的今天，设计思维的特征、所提倡的"运用同理心、想象以及行动来完成实践项目"的核心理念特别适合学生创造性思维的培养。具体来说：

设计思维强调基于真实情境的问题解决过程，同时也是集灵感、

思维、想象和情感于一体的产品设计活动，这是发挥发展儿童的好奇心和想象力的极佳机会。

设计思维关注社会发展，关注生活需要，将儿童从单一枯燥的学科学习中解救出来，真正改变了学生的学习方式，让他们学会运用跨学科的知识去创造产品，学以致用，开拓创新。

设计思维注重"设计"。设计可以培养创造力，创造也是设计的灵魂，好的设计需要创造性思维作为指导。在运用设计思维的过程中，工具使用能力、知识获取能力、良好的想象力和感知力都是创造性思维形成的基础。

任务： 以"设计思维"为关键词进行网络搜索，了解其发展脉络。

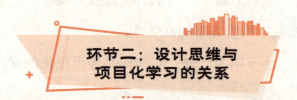

环节二：设计思维与项目化学习的关系

项目化学习（Project-Based Learning，PBL）不同于传统学科逻辑体系的知识学习，是在真实的情境中基于一个挑战性的任务展开的长周期的探索和学习。在这样的学习中，学习者需要自愿且全身心参与进去，调动一切学习资源和已有知识储备，不断地试错，接受挑战。项目化学习的重点是学习目标，包括基于标准的内容以及批判性思维、问题解决、合作和自我管理等技能的培养。由于这样的学习对培养世界公民意义重大，因而得到许多国家和组织的推崇，是一种符合现代教育理念的学习方式。

思考：你理解的项目化学习是怎样的？

设计思维与项目化学习之间具有怎样的关系呢？设计思维是项目化学习的底层思维。基于设计思维的项目化学习是将设计思维的内涵、价值嵌入项目化学习中，注重"有形的"产品设计，在产品设计过程中运用恰当的思维工具、信息技术工具等，将思维可视化，最大程度激发学生的想象力和创造力，通过定义问题、头脑风暴、原型制作，不断迭代升级问题解决方案和有形的产品，解决真实世界中的问题。

如在杭州绿城育华亲亲学校的"婴儿产品改进设计"这个项目中，其项目宗旨就是以用户为第一位的。学生首先通过场景观察，发现用户痛点；然后基于同理心思考定义出要解决的问题，运用各种思维工具进行方案的制定与优化；接着借助信息技术、不同的材料工具制作模型，将自己的创意和产品进行可视化展现；最后通过产品发布和用户的反馈来进一步改进产品，实现项目的最终价值。这样的项目化学

习以产品为最终指向，帮助学习者运用设计思维的方法和工具一步步实现目标。请观看项目化学习慕课9-1，了解"婴儿产品改进设计"项目的更多内容，进一步理解设计思维与项目化学习之间的关系。

任务：你认为项目化学习与设计思维结合之后，有什么优势？简要列举几点。

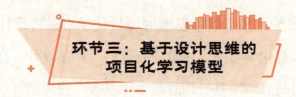

环节三：基于设计思维的项目化学习模型

为了帮助学生在一个完整的思维过程中进行创新思考和问题解决，我们基于多年的实践提出了基于设计思维的项目化学习模型（见图1-2），其操作流程为：发现问题、定义问题、方案构思、模型制作、测试优化、展示交流。六个环节层层递进、循环往复，支撑学生完成长周期的学习。

思考：你觉得基于设计思维的项目化学习模型有什么作用？可从教师和学生两个维度去思考。

图 1-2　基于设计思维的项目化学习模型

（发现问题）　发现问题是项目的来源和起点，此环节是让学生运用同理心找准用户的需求，发现真实情境中出现的问题或挑战。

（定义问题）　在"定义问题"环节，学生需要发散思维，定义出有价值的问题，为后续阶段的项目化学习奠定基础。关于发现问题和定义问题的更多介绍详见本书第二课。

方案构思 这个环节通常由教师引导学生进行合作讨论，展开头脑风暴，提出尽可能多的创意和解决方案。教师借助思维工具引导学生把想法"拿出来"，进行可视化的表达。关于方案构思的介绍详见第三课。

模型制作与测试优化 模型制作与测试优化是将方案落地，需要学生把方案、构想变成实际的产品模型，并不断测试、改进、优化，循环往复。这是一个迭代的过程。关于模型制作与测试优化的介绍详见第四课。

展示交流 在"展示交流"环节，学生成为产品的"代言人"，分工合作准备演讲稿，像一名工程师那样介绍自己的产品，以期得到同行与"专家"的认可，并基于大家的反馈进一步改进产品。

在整个过程中，教师可开发多种评价工具对学生进行过程性评价和总结性评价。关于展示交流与评估详见第五课。

学生的认知技能和创造力培养除了需要结构化的思维模型外，还需要有效的思维工具。思维工具是一些能有效地影响思维抽象活动、提高思维效能、延伸思维深度，把抽象的思维过程具体化、可视化的方法技能的总称。一个个思维工具组合在一起就组成了一架"梯子"，帮助学生一步步往上爬，最终到达自己的目的地。

在教学实践中，教师可以运用一些行之有效的思维工具，如AEIOU 观察记录表、用户移情图、POV 法、"635"法、"循环问诊"法等[1]。使用时，这些工具的结构和内容并非一成不变，可根据不同主题、不同项目做适当调整。

📝 **任务**：基于设计思维的项目化学习流程与传统的手工制作活动流程有什么区别？请简要列举三点。

🔍 拓展阅读

在不同的场景人们会用不同的术语来表达设计思维模型，其阶段从三个到七个不等，但追求的目标基本相同。整个过程聚焦于人，是以人为中心的设计。

———————————

[1] 对思维工具及其使用的介绍详见本书第二课、第三课。

设计思维模型 1：双钻模型

双钻模型由英国设计委员会（British Design Council）提出，包括发现（前期调研）、定义（观察）、发展（构思）、交付四个步骤（见图 1-3）。设计的本质是从"未知"到"已知"，从"可能是"到"应该是"的过程。这个过程看起来是直接的、线性的，事实上，这是一个循环往复的过程，因为创造本身就是不断地以全新的方式给人们的生活带来积极的影响。

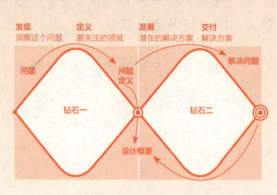

图 1-3　双钻模型

双钻模型体现了结构化的设计思想，它把整个设计过程分为两个大的阶段：

钻石一——做正确的事（Designing the right thing）；

钻石二——用正确的方法做事（Designing things right）。

并把设计过程的不同阶段映射到这两个大的阶段中：

发现——洞察这个问题；

定义——要关注的领域；

发展——潜在的解决方案；

交付——解决方案。

在具体阶段中，设计师的思维方式呈现出"发散—收拢—再发散—再收拢"的规律性趋势，就像两颗钻石并列放在一起。

设计思维模型 2：斯坦福设计思维五步骤

作为世界上最优秀的设计学院之一，美国斯坦福大学设计学院近些年一直在倡导设计思维。设计学院创始人大卫·凯利（David Kelley）教授将设计思维分为五个步骤，并给出了一套流程和方法，引导学生主动寻找并发现问题，富有创造性地解决问题。这五个步骤分别是：移情（理解用户）、定义问题、构思想法、设计原型、测试（见图1-4）。

图1-4 斯坦福设计思维五步骤

📝 延伸任务

运用 3-2-1 反思表，结合你对本课的学习，阐述你对基于设计思维的项目化学习的理解。

表1-1 3-2-1反思表		
最有收获的三个点： 1. 2. 3.	还有困惑的两个点： 1. 2.	存在的一个问题：

第二课

发现和定义
问题

学习地图

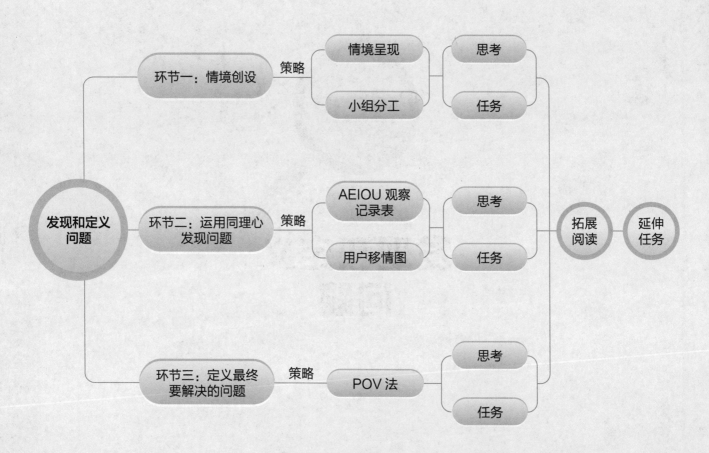

图 2-1　第二课学习地图

🎯 研修目标

① 知道如何在项目起始阶段创设一个真实性情境。

② 知道在项目化学习中发现和定义问题的步骤与方法。

③ 学会使用 2—3 种思维工具（如 AEIOU 观察记录表、POV 法等），能指导学生发现、定义问题。

📖 核心概念

发现问题　在一个真实、开放的情境中，运用各种方法捕捉问题的存在，发现有价值的、开放的、多元的问题。

定义问题　通过多种不同的方法对发现的多个问题进行审视、聚焦，确定最终要解决的问题。

📝 课程内容

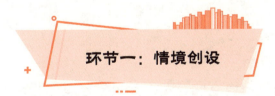

环节一：情境创设

问题驱动学习。项目化学习需要一个高质量的驱动性问题。在呈现驱动性问题的导入环节，可以给学生创设一个真实性情境。情境应

尽可能来自学生生活，能激发学生探索的兴趣和责任感，且包含各种可能的发现问题的契机。

关键策略

◎ 情境呈现——寻找潜在的具有问题情境的素材

教师呈现的情境素材应该是鲜活的、真实的，能够激发学生的同理心，促使学生主动思考，从中挖掘出潜在的问题。

如在"婴儿产品改进设计"项目中，教师给学生呈现了几张爸爸妈妈照顾婴儿时的日常生活画面图：一个妈妈蹲在洗澡盆边给婴儿洗澡，医院输液室里照顾婴儿输液的家长昏昏欲睡，婴儿吃饭时洒落很多食物等。这些都是真实的生活画面，学生熟悉，且能激发学生改进婴儿产品设计的责任感。情境的具体使用请观看项目化学习慕课9-2。

思考： 除了用图片作为情境导入，还有哪些方法能让情境的呈现更具真实性、启发性？

◎ 小组分工——人物角色可视化创建

将小组成员进行角色化分工，如项目经理、艺术总监、技术总监、营销总监，并考虑适当的搭配，从而激发每个人的主人翁意识，发挥每个组员的特长（见图2-2，圆圈内可加相应组员的照片）。经过异质分组后，每个小组成员基于自身角色代入情境，产生移情，为多角度发现问题奠定基础。

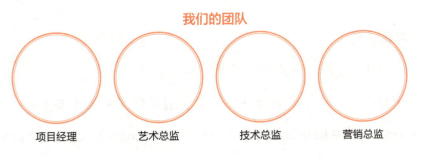

图 2-2　团队成员角色化分工

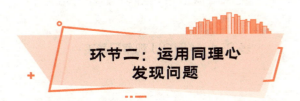 **任务**：如果是第一次进行小组合作，还可加入一些破冰的环节。查阅资料，列举几个适合项目化学习破冰环节的小妙招。

环节二：运用同理心发现问题

创设真实性情境的目的在于让学生发现隐藏的问题。设计思维特别注重对人的需求的挖掘，这就需要充分运用同理心、移情的作用，让学生基于对人、对用户的深入了解，发现有价值的真实问题。

思考：发现一个问题比解决一个问题更重要。想一想：设计思维为什么特别注重基于人的需求去发现问题？

关键策略

◎ AEIOU 观察记录表——多角度观察场景

　　AEIOU 观察记录表基于真实场景，引导学生从五个要素——活动（Activities）、环境（Environments）、交互（Interactions）、物品（Objects）、用户（Users）分解观察场景，尽可能多地记录场景信息，通过分析对比发现具有深度意义的信息。这个工具的运用可以使学生观察场景的维度更加多元，有利于引导学生发现更多潜在的信息，从而更能站在用户的角度发现需求，提出更有价值的问题。该工具直观明确，鼓励学生深入挖掘信息，有利于学生发散思维、合理推理能力的培养。

表 2-1　AEIOU 观察记录表

观察场景：

Activities 活动	Environments 环境	Interactions 交互	Objects 物品	Users 用户
大家在干什么	概括你看到了一个怎样的场面	人⇔人 人⇔物 发生的关联	与人会产生关联的东西	被你注意到的人

任务：运用 AEIOU 观察记录表，感受如何通过思维工具实现移情，并想一想还有没有更好的方法。

◎用户移情图——代入角色思考

用户移情图（见图2-3）引导学生进行移情，将自己代入场景中，以一定的人物身份，从"看到什么""听到什么""想到什么""做些什么"四个方面设身处地地分析自己的感受，从而找到用户的"痛点"以及"希望得到的"。该工具有利于发展学生适当的推理和联想能力。

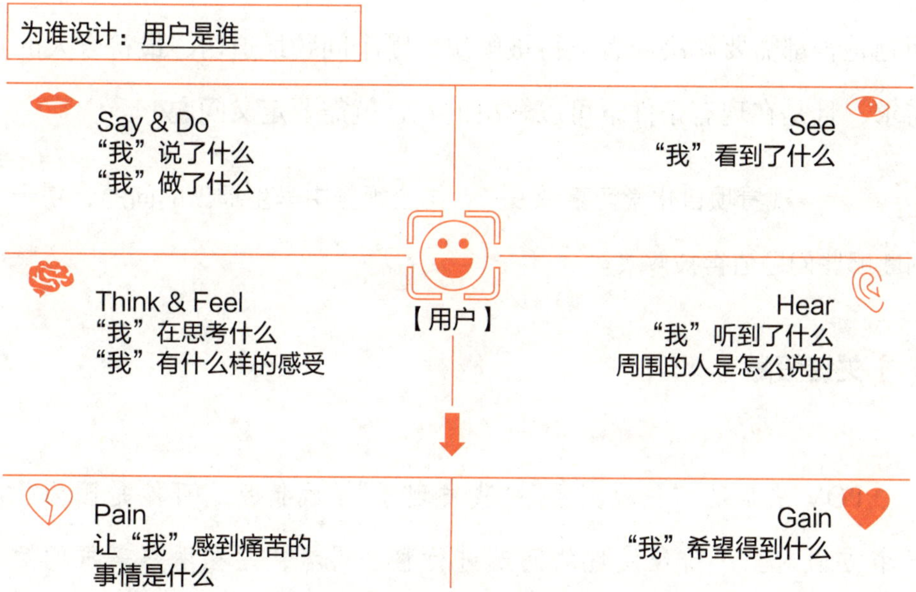

为谁设计：用户是谁

Say & Do
"我"说了什么
"我"做了什么

See
"我"看到了什么

Think & Feel
"我"在思考什么
"我"有什么样的感受

【用户】

Hear
"我"听到了什么
周围的人是怎么说的

Pain
让"我"感到痛苦的
事情是什么

Gain
"我"希望得到什么

图2-3　用户移情图

如在"家长给婴儿洗澡"这一情景中，通过用户移情图的分析，学生发现用户的痛点是给婴儿洗澡时的姿势极度不便，从而找到用户的真实需求。

环节三：定义最终要解决的问题

通过观察和移情，学生可能会发现很多有价值的问题，但是这些问题是否都需要解决或者值得被解决？哪个问题最迫切、最符合人的需求，且是在现有条件下可以解决的？这就需要定义问题。

思考： 观看项目化学习慕课 9-2，结合视频中学生提出的问题，初步判断哪些问题值得被解决。

关键策略

◎ POV（Point of View）法——定义要解决的问题

POV 法是从"我观察了""我发现了""我猜想这可能是因为"三个方面对上一阶段发现的问题进行整合思考，站在用户需求的角度，定义出要解决的问题，明确产品方向（见图 2-4）。

问题定义：Point of View

表明观点

我观察了：　请写下你观察的用户

我发现了：　请写下你新奇的发现

我猜想这可能是因为：　请写下你对潜在需求的推论

↓

因此我觉得要解决的问题是：　我们要为（谁），做点（什么），好解决（什么问题）。

图 2-4　定义问题的 POV 步骤

比如，观察婴儿夜间睡觉的小组发现婴儿趴睡可能导致窒息，从而将问题定义为："我们如何为婴儿设计一个固定睡姿的产品，以解决翻身后呼吸不畅的问题？"

任务：结合你正在实践的项目化学习案例或借助慕课视频中的材料，运用 POV 法定义一个你认为有价值的问题，并判断其产品实现的可能性。

思考：除了 POV 法，你在教学中用过哪些定义问题的有效方法？

拓展阅读

除了上述提到的 AEIOU 观察记录表、用户移情图等思维工具，还可以根据不同学段学生的认知特点，运用其他思维工具发现问题、定义问题（葛斯特巴赫，2020）。

共情卡片

共情卡片适用于系统地分析潜在目标群体和用户的需求，注重从不同视角体察用户的要求和价值观，步骤如下：

- 根据用户特征（如收入、家庭情况等）创建不同的用户群体；
- 选出三个有代表性的用户，将自己置于他们各自的角色当中；
- 提出以下问题，并用便利贴记录不同用户视角下的不同想法：

用户的周边环境怎么样？谁是他的朋友？他可能面临哪些问题？

周边环境对用户产生了什么影响？

用户在想什么？他真正的思考和感受是什么？

对用户而言，什么是真正重要的？（即使没有公开承认）

用户生活中的消极方面有哪些？

用户想要或必须实现什么？

共情地图

此工具的目的是将设计者代入不同职业领域的用户、员工、合作伙伴等角色中，从而实现移情。借助共情地图，你能清楚地知晓用户的言论、想法、感受和行为。通过加工收集到的信息产生同理心，理解他们是如何感受和思考的。步骤如下：

- 画一个圆圈代表用户，然后在里面写下用户的姓名、职务等信息；
- 提出一个与此用户有关的问题，比如"我为什么要买××呢？"；
- 在圆圈四周分出多个维度，分别展示此用户感官体验的各个方面，思考什么、感受什么、说什么、做什么或听到了什么，在图上的相应部分标明；
- 将自己置身于用户的角色中，用真实的、明显的感官体验填充该图；
- 请他人帮助你完善你的共情地图并添加可能的细节。

如在"婴儿产品改进设计"项目中，学生们发现了婴儿吃饭容易洒落的现象。针对这个问题，小组成员运用共情地图来理解遭遇此情景的不同角色，如年轻的父母、设计师等，将自己置身于用户角色中进行共情体验。如年轻的父母可能会觉得打扫比较麻烦等，将这些感受和想法记录下来，请小组其他成员不断完善。

延伸任务

请你尝试运用思维工具，如 AEIOU 观察记录表、POV 法，根据校门口放学场景图，基于设计思维发现和定义一个要解决的真实问题。

图 2-5　校门口放学场景

我选择的思维工具：

我发现的问题：	我定义的问题：	我的行动计划：

第三课

方案构思
与优化设计

📖 学习地图

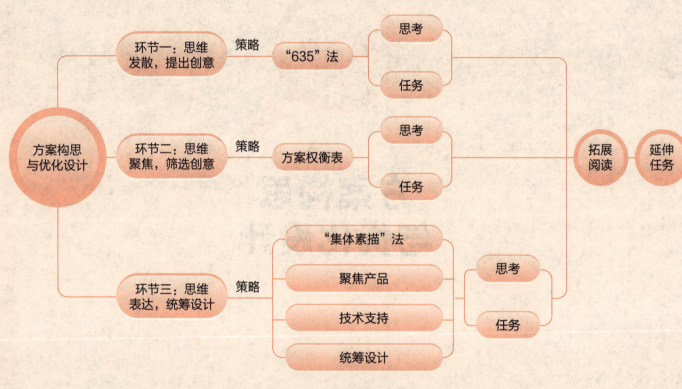

图 3-1　第三课学习地图

🎯 研修目标

❶ 知道如何进行方案构思环节的教学设计。

❷ 掌握在方案构思中引导学生发散思维与聚焦创意的教学策略。

❸ 会使用2—3种思维工具（如"635"法、"集体素描"法等），帮助学生发展设计思维，优化方案设计。

📖 核心概念

方案构思 根据真实情境中的问题，调动已有的知识和经验，发散思维，构思合理的问题解决办法。

优化设计 从多种方案中选择最佳方案的过程与方法，在满足给定的各种约束条件下寻求最优的设计方案。

📝 课程内容

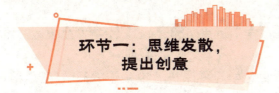

环节一：思维发散，提出创意

在项目实施阶段，为了发散学生的思维，激发出更多创意，教师需要根据定义的问题，从目标或结果着手，鼓励学生进行自由畅想、思维碰撞、相互启发，提出尽可能多的问题解决方案，培养学生的发散性思维。请观看项目化学习慕课9-3，了解在"婴儿产品改进设计"项目中，教师是如何引导学生发散思维、提出创意的。

关键策略

◎ "635"法——围绕定义的问题，提出问题解决方法

"635"法的使用方法和步骤：

• 准备6张专用纸，小组内一人一张；

• 第一个5分钟，每人围绕定义的问题和实际项目写下3个创意，写完后传给旁边的人，按顺时针或逆时针方向传递；

• 第二个5分钟，每人根据前一个同学写下的3个创意，再写出不同的或改进的3个创意，然后再传到下个同学手上，如此反复进行6次。于是，在30分钟内产生了108个创意（3个创意×6个人×6张纸）。（注：以小组为单位，成员围成圈而坐，成员数量根据实际情况而定，若小组里只有4个人，就可以用"435"法。）

任务：尝试在教学中运用"635"法，引导学生发散思维。

思考：学习项目化学习慕课9-3中关于"635"法思维工具的介绍，想一想，还有哪些有助于发散思维的工具？

6 个人
3 个创意
5 分钟

图 3-2 "635"法示意图

在实际教学中可以这样运用"635"法

第一个 5 分钟，每人在 3 张便利贴上写下 3 个创意，贴在卡纸上。

第二个 5 分钟，每人在受到前面同学的启发后，再写出不同的或改进的 3 个创意。

如此循环 6 次。

30 分钟内产生 108 个创意。
（3 个创意 ×6 个人 ×6 张纸）

**环节二：思维聚焦，
筛选创意**

　　产生想法的阶段是一个头脑风暴的过程，通常没有绝对的标准答案，只有一定的数量基础才有可能产生高质量的想法。之后再对这些创意进行分类整理，碰撞出新的火花，最终改进筛选出一定数量的创意。如在"婴儿产品改进设计"项目的思维聚焦环节，学生用手绘图

的方式来表达婴儿产品改进设计的需要及预期的效果，以平面图和立体图相结合的方式呈现方案创意。

关键策略

◎方案权衡表——初步筛选最有价值的创意想法

运用表格工具方案权衡表（见表3-1），针对头脑风暴出的多个解决方案进行权衡比较。设定各指标权重，满分5分，最后合计分数，选出相对好的方案。打分依据个人现有经验来判断。

表3-1 "婴儿产品改进设计"项目方案权衡表

维度	方案1	方案2	方案3	方案4	方案5	备注
有效性						产品能够真正有效地解决问题
可行性						团队可以提供必要的知识、能力支持，具有可行性
安全性						产品实用安全，如不会对婴儿造成误伤
应用性						产品操作简单易懂，符合用户需求
创新性						市场中无同类产品
合计						

思考：引导学生使用方案权衡表时要注意什么？

任务：表 3-1 所示方案权衡表的评价维度是否合理？请结合你正在实践的项目的实际情况，设计一份调整后的方案权衡表。

环节三：思维表达，
统筹设计

通过发散思维，学生产生了许多创意想法，最终需筛选保留一定数量的创意想法。为了落实方案设计，使思维可视化，学生需要掌握创意设计的表达方式和步骤，了解产品设计创作的主要内容，如技术、尺寸、外观、材质、功能等，把具体领域的知识整合在一起，更全面地考虑方案设计。

思考：在对多个创意想法进行可视化表达、统筹设计时，会遇到诸多问题，如制作工艺、比例尺寸、艺术造型与表现等涉及相关学科的问题。有什么有效的办法能帮助学生解决跨学科知识的问题？

关键策略

◎ "集体素描"法——以产品设计为中心，统筹设计

在进行具体的方案设计时，学生可借助"集体素描"法，以"产

品设计"为中心发散思维，进行统筹设计。请观看项目化学习慕课9-3，了解"集体素描"法思维工具的使用方法。

"集体素描"法的使用方法和步骤：

• 小组成员在一张纸上同时描绘想法，在这个过程中每个参与者都可以补充或修改他人的创意想法；

• 小组成员共同讨论不同的创意想法，并拓展补充更多的想法；

• 小组成员汇总选出最有意义、最有用的解决方法，以产品设计为中心，进行统筹设计。

◎聚焦产品——继续深入思考，优化方案设计

通过前一环节初步的统筹设计，学生需要聚焦其中的一个维度，继续深入思考和细化。如应该选择什么样的材料，选用什么工艺进行加工处理，各部分的尺寸是多少等。

◎技术支持——学生自主选择课程进行学习

为了满足学生在解决问题时对不同知识内容的需求，教师可以在校内网络平台上建设资源包，上传与项目化学习主题及实践技能等相关的教程。学生登录自己的账号，选择相应的课程观看学习，将知识技能的学习与真实项目问题连接起来。

◎统筹设计——实现思维的可视化表达

学生根据环节二绘制出的产品效果图和前期统筹设计，逐步形

成小组的最终方案设计图。学生之间互动点评是训练批判性思维的一种有效方式。教师要鼓励学生提出自己的想法，创造机会让更多观点发生碰撞，不断优化最终的方案设计图，实现思维的最好表达。

"循环问诊"法（见图3-3）是一种有效的思维工具，其意义在于学生在参与过程中利用批判性思维评价他人的创意想法，并接受他人对自己作品的意见建议，实现方案设计的不断优化。

"循环问诊"法的使用方法和步骤：

● 每组派技术总监去下一组进行产品介绍；

● 本组剩余成员听取上一组技术总监的介绍；

● 本组剩余成员对上一组的产品方案提出合理化建议。

（若是5个小组，重复进行5次。）

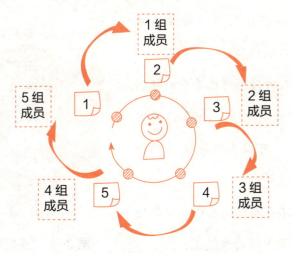

图3-3 "循环问诊"法示意图

📋 **任务：** 针对方案设计寻找问题的思维工具还有很多，请把你认为有效的工具记录下来，和大家分享吧！

🔍 拓展阅读

　　除了上述提到的"635"法、方案权衡表、"循环问诊"法等思维工具外，还可以根据不同学段学生的认知特点，让他们运用其他思维工具进行方案的构思与优化设计，如图3-4所示的"头脑写作"法。

　　"头脑写作"法的使用方法和步骤：

- 小组每人取一张便利贴，描述一个创意想法；
- 写好后将便利贴传给左边的人，再取一张继续写；
- 每个人对传到自己手中的便利贴中的创意进行补充，如果忙着写自己的创意，可以直接把便利贴传递给下一个成员；
- 将循环一圈回到自己手里的便利贴贴在桌子中间的卡纸上；

图3-4 "头脑写作"法

- 若想不出新的想法，可选择已经贴上去的便利贴进行创意补充；

- 根据方案权衡表的评价维度筛选保留一定数量的创意想法。

延伸任务

请你尝试运用思维工具，如"635"法、"头脑写作"法等，根据"儿童玩具收纳空间凌乱不堪，如何设计一个多功能儿童玩具收纳产品？"这一驱动性问题，进行思维发散，提出更多解决问题的办法吧！

图 3-5　被玩具"占领"的房间

办法 1：	办法 2：
办法 3：	办法 4：
方案设计一	
方案设计二	

第四课

模型制作
与测试优化

📖 学习地图

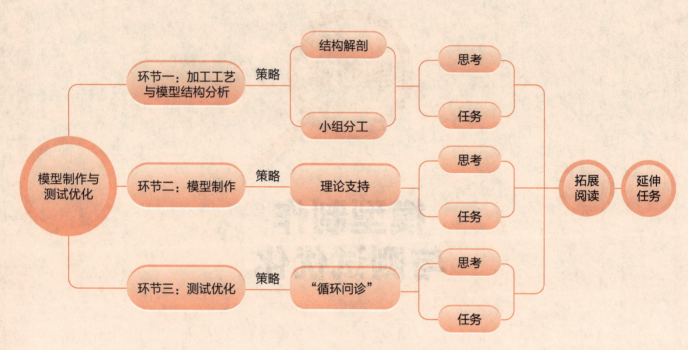

图 4-1　第四课学习地图

🎯 研修目标

❶ 理解模型制作与测试优化的意义。

❷ 掌握模型制作的有效教学指导策略。

❸ 掌握模型测试优化的方法。

📖 核心概念

模型制作　对方案的落地，把构想变成产品或模型，是立体化的创意表达。

测试优化　在模型制作过程中为满足功能实现、外观美化、用户良好体验等需求而进行不断测试、改进、优化模型的过程。

📝 课程内容

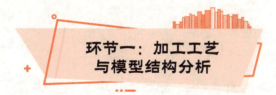

环节一：加工工艺
与模型结构分析

　　学生在制作模型之前，需要分析模型的主要结构以及制作模型所需的基本材料，还需要对材料的加工工艺进行学习，这有助于降低模型制作的难度，也能为后期模型的结构整合奠定基础。如项目化学习慕课9-4中提到的关于婴儿洗澡升降台的制作，需要分成升降装置制作和支撑平台制作两部分，婴儿趴睡警报装置的制作需要布艺和编程等工艺技术。

思考：想一想，模型结构分析的依据或原理是什么？

关键策略

◎结构解剖——加工工艺学习

教师可以引导学生根据加工工艺分析模型结构，帮助学生对产品的结构和功能形成更加直观的认知，为模型的制作奠定基础。教师可在学校常用的网络资源平台提供各类加工工艺技能课程供学生学习，如布艺加工、木制加工、软件编程等。

任务：任选一个自己熟悉的产品模型，根据产品的加工工艺对产品结构进行解剖。

◎小组分工——人物角色可视化创建

将小组成员分工角色化，如项目经理、艺术总监、技术总监、营销总监，并考虑适当的搭配，以激发每个人的主人翁意识。在模型结构分析与制作环节，以技术总监为主，每人根据特长选择合适的角色和加工工艺。

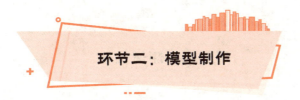

环节二：模型制作

　　模型制作是实现方案的第一步，学生可以选择常见的材料，结合不同的工艺和技术，如激光切割、3D 打印等，将产品初步物化，可视化地呈现自己的创意。

　　思考： 模型制作环节会涉及很多材料和加工工艺，教师应如何引导和帮助学生进行安全制作？请给出你的思考和建议。

关键策略

◎理论支持——学习并应用学科知识

　　在模型制作过程中，学生现有的理论知识可能不足以支持他们设想的实现。这需要教师结合学生的最近发展区，预设并准备好学生学习材料，提供相关学科知识帮助学生顺利完成模型的制作。

　　请观看项目化学习慕课 9-4，了解学生如何利用多学科知识实现"婴儿输液提醒器"的制作。

　　任务： 选择一个产品模型，根据产品模型的制作过程分析所需要的学科知识。

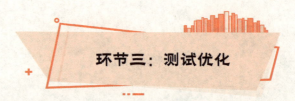

环节三：测试优化

产品制作不是一蹴而就的，需要不断测试、改进、优化，是一个不断试错与迭代的过程。在测试优化过程中，可以先让小组成员对产品制作过程和相应功能进行展示与分享，其他小组学生从用户的角度进行体验和提出建议。

思考：在初步实现产品功能后，可以从哪些方面考虑对产品进行改进优化？

◖关键策略

◎ "循环问诊"——帮助学生进行产品优化

为了优化产品，往往需要得到一些用户的真实反馈，此时各组的技术总监可以带着产品模型到其他组进行功能演示，组内其他成员站在用户的角度倾听其他组技术总监的介绍，体验产品功能并提出一些合理的改进建议。如"婴儿产品改进设计"项目中婴儿趴睡警报装置中的线路改进、主体控制板和报警器的安放位置等都是通过"循环问诊"获得建议并做出相应改进的。

思考：在产品测试优化环节，除了上述"循环问诊"策略，你还能想到其他策略来帮助学生获得更多有效的优化建议吗？

如表 4-1 所示，利用产品测试优化记录表，引导学生及时记录产品模型的优势与不足，从而使后续的讨论更加具有针对性，最大化帮助学生解决产品落地的问题。小组成员使用该工具整理他人提出的问题和建议，通过讨论决定是否采用他人的建议，然后考虑是否进一步优化产品或模型。

表 4-1　产品测试优化记录表

Things I like the most 我最喜欢的方面	Things that could be improved 可以改进的事情
+ 测试 **−**	
New ideas to consider 新思路	Things I don't understand 我不明白的事情

任务：选择一个产品模型，将产品的功能演示给同伴，通过表 4-1 获得一些优化建议。

拓展阅读

除了上述提到的 3D 打印机、大型切割机等加工工具和相应工艺之外，还可以根据不同的材料和工艺需求，选择不同的加工工具或工艺。如：

在应用一些集成化电路时，可能会在电路板上连接或更换元件，这时就需要用到电烙铁这一工具（见图 4-2）。电烙铁能够产生高温来熔化焊锡，并使锡凝固在电路板的焊点上，起到固定元件的作用。在使用电烙铁的过程中，要注意避免出现虚焊、短路，甚至损坏电路板的情况发生。

图 4-2　电烙铁

布艺是流传较为广泛的一门技术，它是利用针、线、剪刀等工具将以布为主的原料加工成所需样式的过程。中小学生对布艺的掌握程度往往不高，在制作过程中，建议采用半成品来制作所需的产品。如"婴儿产品改进设计"项目中婴儿趴睡警报装置中的娃娃衣物制作，就是将成品衣加以改造、设计，制作出了安放导线和控制开关的空间。

另外，在模型设计和制作环节，由于跨学科知识的复杂性，虽然有教师提供的学习资料，但在实践过程中仍然会出现很多问题，尤其是对一些比较陌生的加工工艺，学生中可能存在达不到理想操作效果的情况。这时，教师可以采用约课制①来解决这类问题，通过发挥不同教师的专业优势，帮助学生更好地完成模型制作。

① 提前预约相关方面较为专业的教师来帮助学生进行产品制作的课程制度。

📝 延伸任务

请你对多功能奶瓶这一产品进行结构分析，并指出其中某一部分可能需要用到的材料和加工工艺。

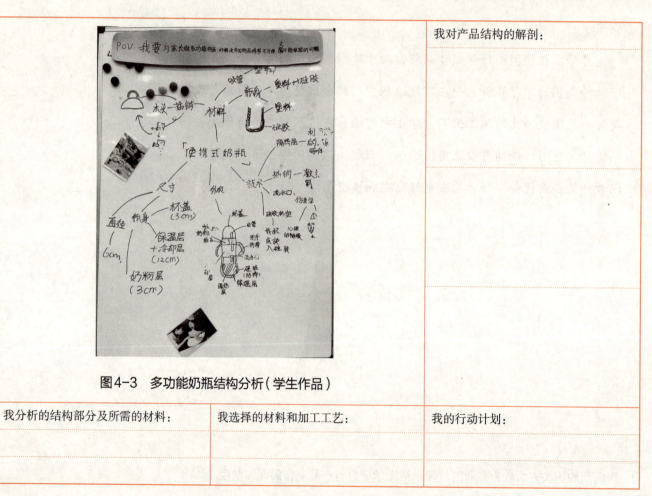

图4-3　多功能奶瓶结构分析（学生作品）

我分析的结构部分及所需的材料：	我选择的材料和加工工艺：	我的行动计划：

我对产品结构的解剖：

第五课

展示交流与评估

学习地图

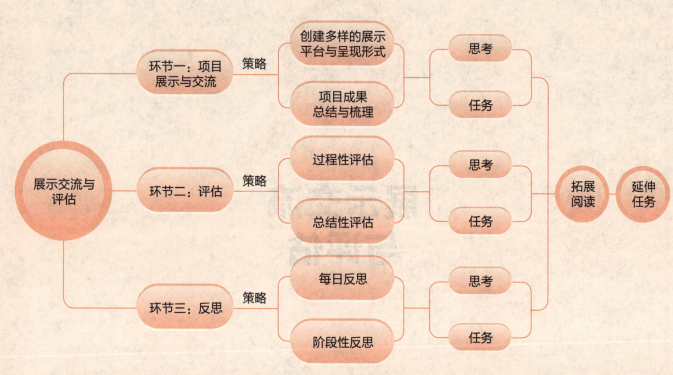

图 5-1　第五课学习地图

🎯 研修目标

❶ 了解成果展示交流的多种形式及意义。

❷ 了解项目化学习评估的节点及操作方式。

❸ 知道反思在项目化学习中的意义及引导学生有效反思的策略。

📖 核心概念

展示交流 项目化学习的最后一个环节，既是一个项目的终结，也是对解决真实问题的复盘。通过创设不同形式的展示平台，让学生在表达中思考，在思考中改进，在改进中提升。

评估 一般分为过程性评估和总结性评估。不同的评估工具能反映学生项目化学习的参与程度、项目完成情况及对项目成果的反思程度。在总结性评估中学生重新梳理项目实施的全过程，思考项目的价值，为下一次的项目化学习积累经验。

📝 课程内容

环节一：项目展示与交流

项目成果的展示需要仪式感，丰富多样的展示平台可以调动学生参与的积极性。展示平台可以是班级、学校的公开场合，如报告厅、演讲台，也可以是真实用户、专业人士生活的社区。项目展示成果有海报、具体作品、PPT 演示文稿、视频、戏剧、演讲等。

关键策略

◎创建多样的展示平台与呈现形式

展示平台可以选择 ClassDojo 软件及学校引进的 BB 教学平台，或钉钉的"班级圈"，组织学生进行一对多的展示和互评。呈现形式可以是体现项目成果的海报展板，体现创作思路的 PPT 演示文稿，用于产品发布的招标、竞标演讲，以及基于项目的成果反思、总结等。

💬 **思考**：结合平时教学活动和学生学习特点，我们还能想到哪些可用于项目展示交流的平台以及项目成果的呈现形式？

◎项目成果总结与梳理

在经历了一个完整的项目化学习后，项目成品（产品）就产生了。但作为产品发布者，必须对产品的功能和价值做出充分的解释说明，以便用户更好地了解并接受项目产品。

这个过程教师可利用"5W2H"分析法指导学生搭建产品发布的汇报框架，帮助学生重新梳理项目的进程（包括启动项目的原因、开展项目的思维进阶过程、遇到的困难、团队的合作以及最终的产品呈现、自我反思等），并引导学生按时间顺序将这一过程用不同的表达方式展现出来。如表 5-1 为"婴儿产品改进设计"项目中教师引导学生梳理项目进程的框架表。

表 5-1 用"5W2H"分析法梳理"婴儿产品改进设计"项目

研究的内容（What）	"婴儿产品改进设计"项目
研究的原因（Why）	减轻长辈的负担，给弟弟妹妹提供更多的关心和照顾
研究对象（Who）	婴儿、家长
何时 / 时长（When）	一周
产品使用地点（Where）	使用地点根据场景而定
需要交付的材料（How much）	最终需要交付以下设计清单：平面设计图、立体设计模型、设计过程说明书（学生手册），以及其他设计材料
怎样设计整个项目（How）	基于以上分析，我们该怎么做？怎样更好地完成婴儿产品的改进设计？

📑任务：请查阅相关资料，思考教师作为项目成果总结与梳理的引导者，除了用"5W2H"分析法这种思维工具帮助学生进行整理外，还能用哪些方法帮助学生对项目进行回顾与梳理。

环节二：评估

项目化学习的评估一般分为过程性评估和总结性评估。过程性评估主要通过组内角色互评、表现性评估、项目化学习自评等形式展开；总结性评估是在整个项目化学习结束时进行回顾总结，对学生项目化学习关键能力的评估和对成果展示的评估。可观看项目化学习慕课 9-5，结合"婴儿产品改进设计"项目，了解项目化学习的评估策略及其具体使用。

关键策略

◎过程性评估——人人都是参与者

过程性评估包含组内角色互评、表现性评估、项目化学习自评等。

• 组内角色互评

在组内角色互评过程中，每个学生须根据自己的岗位角色，为其他小组的产品模型进行打分并提出自己的修改建议（见表 5-2）。

表 5-2　组内角色互评表

评价维度	一级指标	二级指标	评价	
项目经理使用：团队管理（10分）	团队协作（5分）	合理组织小组成员分工协作，任务分配合理		
	项目完成度（5分）	项目进度安排合理，最终成品完成度高		
岗位评分汇总				
岗位				
分数				
岗位总分				
反思总结				

评价维度	一级指标	二级指标	评价	
科学（5分）	原理	原理具有科学性、真实性、可靠性、有效性		技术总监使用
技术（10分）	功能（5分）	能合理通过工艺技术实现产品功能，满足用户需求		
	质量（5分）	产品足够安全且有长期稳定的表现，易于维护		

评价维度	一级指标	二级指标	评价	
艺术（10分）	外观（5分）	产品造型协调美观，配色合理，工艺良好		艺术总监使用
	用户体验（5分）	能让目标用户觉得"好用"，交互顺畅		

评价维度	一级指标	二级指标	评价	
竞争力（10分）	创意（5分）	市场上无同类产品或改进明显		营销总监使用
	营销（5分）	具备充分的市场推广方案及强有力的营销手段		

● 表现性评估

运用表现性评估，学生可从发现问题、定义问题、方案构思、模型制作等维度对整个项目过程进行反思和总结。表5-3列举了表现性评估量表示例。

表5-3　表现性评估量表

项目学习环节	0分	3分	5分	10分	得分
发现问题	没有发现问题	发现实践价值不是很大的问题，或者是缺少真实性的问题	选题是真实的，能解决生活实际问题；选择的项目与学习内容有一定的联系	选题是真实的，能解决生活实际问题；选择的项目与学习内容有较好的联系，且体现新颖性和创造性	
定义问题	不参与问题定义	理解挑战性问题，能够简单定义问题，指向明确，但表述不清	理解挑战性问题并能合理地定义问题，表述较清楚	全面理解挑战性问题，能从不同角度定义问题，且表达清晰，指向明确	
方案构思	没有设计方案	提出的设计方案有文字描述，能基本解决问题；小组成员都有分工，但任务不太明确；有设计草图但缺乏科学性	提出的设计方案有较多的文字描述，能够较好地解决问题；小组成员有分工，任务设置较为明确；有设计草图，并具有一定的科学性	提出的设计方案有充分的文字及其他符号描述，能创造性地解决问题；小组成员任务分工明确，有步骤，有草图，并且草图有创意、多元化，具备科学性	

续表

项目 学习 环节	0分	3分	5分	10分	得分
模型 制作	没有模型	模型设计基本具有工艺性；能用单一或简单材料制作模型，但制作完成后没有优化	模型设计具有较好的工艺性；用到多种技术，多元化制作模型；制作中有反思，但没有继续优化	模型设计有较好的工艺性，并有创意；利用多元化技术进行制作；制作中不断反思优化	
测试 优化	不进行测试优化	收集了测试优化过程中的数据或者是记录了相关问题，但是未根据数据或者发现的问题进行修改	根据收集到的数据或者记录的问题对模型进行测试优化，但是没有对项目的设计方案和草图进行修改	根据收集到的数据或者记录的问题对模型进行测试优化，并对项目的设计方案和草图进行修改。所有的修改和优化都是根据问题定义来呈现的	
展示 交流	不进行分享展示	汇报涉及的点较少，汇报交流方式比较传统，缺乏创新性	汇报涉及的点较为全面，本组作品对于实际问题的解决情况等能全部涉及，并且汇报方式具有创新性，能让人眼前一亮	汇报涉及的点全面细致，本组作品对于实际问题的解决情况等方面不仅全部涉及，还提出了同类问题解决的思路，呈现方式新颖，具有启迪性，让人眼前一亮	

● 项目化学习自评

在整个项目化学习结束后，每个参与者都将开展项目化学习自评，对自己在项目的决策、设计、实施、评价等环节中的参与度、完成度、有效度等进行回顾和总结，并结合自评表进行打分，见表5-4。

表5-4　项目化学习自评表

评价维度	评价指标	评价标准	自评
项目决策环节（15分）	定义问题（5分）	能够根据相应场景提出有效的问题	
	项目分析（5分）	能够对提出的问题做出合理分析（如知道用户的真正需求）	
	确定方案（5分）	积极帮助小组确定最终方案	
项目设计环节（15分）	功能设计（5分）	提出有效的功能设计方案，如通过"635"法提出较多有价值的方案	
	结构设计（5分）	积极参与项目的结构化设计，如设计产品各项功能的结构	
	造型设计（5分）	对各项功能结构的整合顺利，能提出较为有效的产品造型	

续表

评价维度	评价指标	评价标准	自评
项目实施环节（15分）	材料选择（5分）	能够选择合适的材料，并对材料进行简单预处理	
	原型制作（5分）	积极参与产品的制作环节，能够提供有效的策略	
	产品测试（5分）	积极参与产品测试，并能提出有效的改进措施	
项目评价环节（10分）	展示交流（5分）	准备充分，能主动承担展示交流阶段的各项准备工作	
	评价改进（5分）	积极听取其他小组的建议，对产品进行合适的改进	
项目过程评价总分（满分55分）			

思考：想一想，在项目化学习中，为什么过程性评估比总结性评估更能促进项目的开展？

◎总结性评估——"关键能力"可视化

总结性评估是对整个项目化学习的回顾和总结，也是对项目化学习中学生关键能力、成果展示的评价。产品展评会是开展项目化学习总结性评估的有效途径，旨在通过将同伴评价和用户评价合理地嵌入其中，以达到评价学生关键能力及高阶思维的效果。表5-5展示了学生关键能力评估量表。

表5-5 学生关键能力评估量表

评价指标	评价标准	教师评价	学生自评	团队评价
发散思维能力	思维活跃，生活经验联想丰富，思考维度多元，可以从不同角度考虑问题			
逻辑思维能力	判断、推理、分析问题的过程有逻辑性，尽量以客观的方式探讨问题			
语言表达能力	能够用自然流畅的语言清晰表达内容，表述用词准确、丰富，具有说服力			
图形语言表达能力	善于运用草图、示意图等视觉符号的形式表达思想和意义，运用熟练、自然、准确			
技术实现能力	对技术具有敏感性，熟练运用学科知识和技术手段实现某种功能需求，善于创造性地使用技术			
感知能力	具有对周边事物的敏感性，能体察物品和人的细微特征与属性差异，善于发现独特的价值机会			
任务执行能力	目标确定后的组织实施与实现能力，持续聚焦课题的耐心和专注程度			

续表

评价指标	评价标准	教师评价	学生自评	团队评价
团队意识与协作能力	强烈的团队合作意识和有效沟通能力，积极主动为团队贡献个人力量，包容不同意见，正确处理团队内部矛盾			
社会责任感	具有社会责任意识，关注社会公共利益与人类整体价值，具有正确的世界观、价值观			

任务： 结合你本学期开展的项目特点和所在班级学生的年龄特征，制定一个项目化学习过程性评估量表或项目化学习自评表。

环节三：反思

　　反思伴随整个项目。项目化学习中的反思不仅有助于学生形成统筹思维，也有利于学生在整个问题解决过程中做出正确的决策。有效的反思能够帮助学生将项目化学习中所发展的能力迁移到其他学习和生活中。

关键策略

◎每日反思——边学习边梳理

通过回顾当天的项目进程，总结做得好与不好的地方，在对比中明确自己的困惑以及接下去的努力方向。这个过程有助于及时调整项目化学习的进程。图5-2展示了进行每日反思的策略工具。

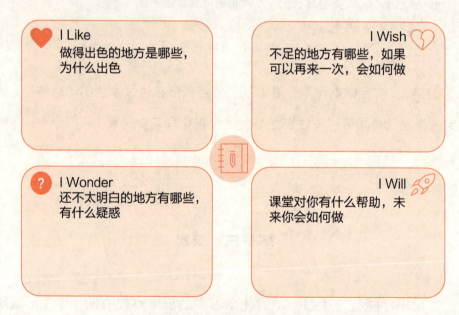

I Like
做得出色的地方是哪些，为什么出色

I Wish
不足的地方有哪些，如果可以再来一次，会如何做

I Wonder
还不太明白的地方有哪些，有什么疑惑

I Will
课堂对你有什么帮助，未来你会如何做

图5-2 每日反思策略工具

如在"婴儿产品改进设计"项目中，学生每天都会借助图5-2所示工具对当日的项目化学习环节和学习效果进行反思、复盘，及时

发现不足并总结成功的经验，为后续环节的学习和项目成果的达成打下坚实、有效的基础。

思考：在项目化学习中，你还用过哪些有效的每日反思工具？试略举一二。

◎阶段性反思——项目化学习的"可持续化"

在一段时间的项目化学习后，我们可以通过 KWL 思维工具（见表 5-6）进行阶段性反思。通过梳理项目启动前的"已知（K）""想知（W）"以及项目化学习后的"新知（L）"，明确项目化学习的收获，并给下一次项目化学习积淀经验。

表 5-6　KWL 反思表

K（Known） 已知	W（Want to learn） 想知	L（Learned） 新知
在项目化学习前就已经知道或掌握了什么知识或技能？	在项目化学习中想要学到什么知识或技能？	在项目化学习后学会了什么知识或技能？

任务：试运用 KWL 反思表，评估学生在项目化学习中的收获。

拓展阅读

除了借助上述提到的"5W2H"分析法、组内角色互评表、项目化学习自评表等进行项目化学习的过程性评估，还可以根据不同学段学生的认知特点，运用其他思维工具进行项目的评估、展示和反思。如：

量规

定义：对学生的作品、成长记录、学习成果或者学习过程中的行为、认知、态度表现进行评价的一套标准。它往往从与学习目标相关的多个维度规定评价准则和划分等级，并且将定性评价与定量评价融为一体。

作用：

1. 避免了单一目标的含糊性，减少评价中的主观性，为学习者进行自我评价提供具体客观的评价依据。

2. 体现了学习者在学习过程中的主动性和对自我学习的责任感，能增强学习动机，培养学习者的自我评价和反省能力。

3. 作为教师与学习者有效交流的媒介。

设计步骤：

1. 分解学习目标，初步确定量规框架。

2. 依据学习内容的种类和学习目标所属目标层次，确定具体的评价指标和等级。

3. 确定不同等级表现水平的具体描述语句。

4. 试运行并修订量规。

设计原则：

1. 包含影响评价绩效的所有重要元素，并具有"约定性"。

2. 根据学习目标需求、学生认知水平和学习环境特点进行合理设置。

3. 权重设定应当根据学习目标的侧重点或重要性而有所区别。

4. 采用清晰的、全面的和描述性的评价等级，描述的语言是具体的和可操作的。

5. 影响评价的重要元素须准确定义，且不能再细化分类。

（钟志贤 等，2007）

延伸任务

请你尝试运用思维工具（如 KWL 反思表、每日反思表）对本书的学习做一个回顾与反思，评估自己的进步，提出还存在疑惑的问题。

我选择的思维工具：

参考文献

葛斯特巴赫，2020．设计思维的 77 种工具［M］．方怡青，译．北京：电子工业出版社．

勒威克，林克，利弗，2019．设计思维手册：斯坦福创新方法论［M］．高馨颖，译．北京：机械工业出版社．

林琳，沈书生，2019．美国"设计思维融入课堂教学项目"研究［J］．比较教育研究，41（7）：67-74.

张红英，庄君明，刘璐，等，2019．设计思维指导下的创新型课程设计研究［J］．现代教育技术，29（10）：100-107.

钟志贤，王觅，林安琪，2007．量规：一种现代教学评价的方法［J］．中国远程教育（10）：43-46.